und
Moritz

Wilhelm Busch

Wilhelm Busch (1832-1908) war ein satirischer Dichter und Karikaturist. Er schrieb für die Zeitung „Fliegende Blätter" eine Serie von humorvollen und populären Erzählungen in Versen, wie *Max und Moritz* (1865), die Geschichte von zwei Lausbuben; *Hans Huckebein* (1870); *Die fromme Helene*, (1870). Mit seinen skizzenartigen Zeichnungen und den humorvollen Versen, von welchen viele aus dem täglichen Sprachgebrauch stammen, wusste er in oft grotesken und auch manchmal grausamen Situationen die kleinbürgerlichen Gewohnheiten hervorzuheben. Hinter seinem Humor verbirgt Wilhelm Busch die bittere Kenntnis des menschlichen Alltags.

BEARBEITUNG, ÜBUNGEN UND WORTERKLÄRUNGEN MONIKA KOPETZKY
EDITING MILLER S.E.

La Spiga languages

Vorwort

Die Geschichte handelt von zwei Jungen namens Max und Moritz.
Den beiden Brüdern machte es großen Spaß[1], anderen einen Streich[2] zu spielen.

Anstatt fleißig in der Schule zu lernen, neckten[3] sie lieber ihre Nachbarn im Dorf, quälten[4] Tiere oder stahlen Äpfel, Birnen und Pflaumen aus den Gärten anderer Leute. Von niemandem ließen sie sich etwas sagen. Sie wollten sich lediglich[5] auf Kosten anderer amüsieren[6].

Doch die beiden Jungen nahmen ein schlimmes Ende, wie ihr in der Folgenden Geschichte lesen könnt.

Witwe Bolte und ihre Hühner

Die Witwe Bolte war eine gute und fleißige Frau. Sie war sehr stolz auf ihre drei fetten Hühner und ihren Hahn, denn so hatte sie immer täglich frische Eier.

An besonderen Tagen bereitete[7] sie sich auch gerne einen leckeren Geflügelbraten[8] zu. Die Hühnerfedern benutzte sie dann zum Auffüllen ihrer Kissen und Bettdecken.

Max und Moritz jedoch wollten die Witwe Bolte ärgern und überlegten sich ihren ersten Streich.

1. **Vervollständige die folgenden Sätze mit den richtigen Präpositionen!**

auf – auf – aus – in – mit – über – von – von – zum – zur

a) Die Geschichte handelt .... Max und Moritz.

b) Sie wollten nicht .... Schule gehen.

c) Max und Moritz stahlen .... den Gärten anderer Leute.

d) Die beiden wollten sich .... Kosten anderer amüsieren.

e) Sie ließen sich .... niemandem etwas sagen.

f) Die Witwe Bolte war sehr stolz .... ihre Hühner.

g) Die Hühnerfedern steckte die Witwe .... ihre Kissen.

h) Sie freute sich .... ihre täglich frischen Eier.

i) Max ging .... Moritz .... Haus der Witwe, um sie zu ärgern.

2. **Setze die Artikel ein und bilde den Plural!**

a) **die** Geschichte   **die Geschichten**

b) .... Junge   ....

c) .... Bruder   ....

d) .... Streich   ....

e) .... Schule   ....

f) .... Dorf   ....

g) .... Tier   ....

h) .... Apfel   ....

---

1. **r Spaß:** *e Freude*
2. **r Streich:** *e Dummheit, r Unfug*
3. **necken:** *ärgern*
4. **quälen:** *misshandeln*
5. **lediglich:** *nur*
6. **amüsieren:** *lustig machen*
7. **zubereiten:** *kochen*
8. **r Geflügelbraten:** *r Hühnerbraten*

Während Moritz sich zwei lange Fäden besorgte und sie miteinander überkreuz verknotete[1], kaufte Max beim Bäcker im Dorf ein Brötchen, von dem er vier kleine Stücke abbrach.

An jedes Fadenende banden sie ein Brotstück fest und verlegten dann heimlich[2] das Fadenkreuz gut sichtbar im Hof der Witwe Bolte, welche ahnungslos in der Küche ihr Mittagessen vorbereitete. Auch ihr kleiner Hund Spitz hatte nichts bemerkt und lag still in seiner Hundehütte.

Kaum hatte der Hahn die vier Brotstücke im Hof entdeckt, fing er auch schon an, heftig zu krähen. „Kikeriki! Kikikerikih!"

Die drei Hühner eilten[3] schnell herbei und pickten zusammen mit dem Hahn jeweils ein Brotstück auf.

Doch nachdem sie nacheinander ihr Brotstück hinuntergeschluckt hatten, waren sie durch die Fäden fest aneinander geknotet. Jedes riss an seinem Fadenende, um sich zu befreien; doch es half nichts. Die drei Hühner und der Hahn konnten sich nicht mehr befreien.
Mit letzter Kraft versuchten sie noch einmal hochzuflattern[4], doch sie verhakten sich an einem Baumast im Garten der Witwe, wo sie schließlich erschöpft hängen blieben und verendeten[5].

Als die Witwe Bolte die Unruhe in ihrem Hof bemerkte, kam sie auch schon Schlimmes[6] ahnend nach draußen gerannt. Mit Schrecken sah sie alle ihre lieben Hühner leblos am Apfelbaum hängen.

„Oh, meine armen Hühner! Was ist geschehen!", jammerte[7] sie und fing bitterlich an zu weinen.

3. **Bilde das Präsens und Perfekt der folgenden Verben!**

a)	er war	*er ist*	*er ist gewesen*
b)	er kaufte	....	....
c)	er band	....	....
d)	ich lag	....	....
e)	sie schluckten	....	....
f)	sie versuchten	....	....
g)	sie bemerkte	....	....
h)	du kamst	....	....
i)	ich sah	....	....

4. **Vervollständige die Sätze mit den fehlenden Vorsilben!**

   ab – aneinander – auf – fest – hinunter – hoch – ver – ver – vor

a) Max hatte beim Bäcker ein Brötchen gekauft, von dem er vier kleine Stücke ....brach.

b) An jedes Fadenende hatten sie ein Brotstück .... gebunden.

c) Die Witwe Bolte hatte ahnungslos ihr Mittagessen .... bereitet.

d) Die Hühner hatten jeweils ein Brotstück ....gepickt.

e) Zusammen mit dem Hahn hatten sie nacheinander ein Brotstück ....geschluckt.

f) Sie waren durch die Fäden fest .... geknotet.

---

1. **verknoten:** *festmachen*
2. **heimlich:** *unauffällig*
3. **eilen:** *schnell laufen*
4. **hochflattern:** *hochfliegen*
5. **verenden:** *sterben*
6. **s Schlimme:** *s Böse*
7. **jammern:** *klagen*

5

Doch es war nicht mehr zu ändern. Weinend schnitt sie mit einem Messer die Fäden durch, an denen ihre toten Hühner hingen und brachte die Tiere in ihr Haus.

Witwe Bolte und der Hühnerbraten

Bei all ihrem Schmerz blieb der Witwe Bolte nichts anderes übrig, als allen Hühnern die Federn auszurupfen, um sie als Braten zuzubereiten. Auch ihr kleiner Hund Spitz beobachtete alles neugierig[1] in der Küche.

Nachdem sie das Kaminfeuer[2] angezündet hatte, nahm sie ihre größte Pfanne, in der sie alle ihre Hühner zusammen auf dem Herd zubereitete.
Aber Max und Moritz, die in ihrem Versteck ganz in der Nähe des Hauses der Witwe bereits die Braten rochen, waren zu ihrem zweiten Streich entschlossen.
Sie nahmen ihre Angel und kletterten unbemerkt[3] auf das Dach des Hauses. Durch den Schornstein konnten sie gut erkennen[4], wie die vier leckeren[5] Braten in der Pfanne schmurgelten[6].
Als die Witwe in den Keller ging, um etwas von ihrem guten Sauerkraut[7] zu holen, ließen Max und Moritz leise eine Angelschnur durch den Schornstein herunter, um den ersten Braten mit einem Angelhaken hochzuziehen.
Auch das heftige Bellen des kleinen Hundes Spitz in der Küche konnte die beiden nicht aufhalten. Im

5. **Bilde den Komparativ und Superlativ der folgenden Adjektive und Adverbien!**

a) klein   **kleiner**   **am kleinsten**
b) neugierig   ....
c) groß   ....
d) heimlich   ....
e) gut   ....
f) leise   ....
g) heftig   ....

6. **Bilde Fragen mit:**

womit – worauf – worauf – woraus – worin – wozu – wozu

a) Die Witwe Bolte schnitt *mit einem Messer* die Fäden durch.

.... ?

b) Sie briet die Hühner *in ihrer größten Pfanne*.

.... ?

c) Max und Moritz waren *zum zweiten Streich* entschlossen.

.... ?

d) Sie kletterten unbemerkt *auf das Dach* des Hauses.

.... ?

e) Die Witwe wollte *zu ihrem Braten* Sauerkraut essen.

.... ?

f) Max und Moritz angelten sich den Braten *aus der Pfanne*.

.... ?

---

1. **neugierig:** *mit Interesse*
2. **s Kaminfeuer:** *s Feuer zum Kochen*
3. **unbemerkt:** *heimlich*
4. **erkennen:** *sehen*
5. **lecker:** *gut*
6. **schmurgeln:** *braten*
7. **s Sauerkraut:** *eine Gemüseart*

Nu[1] hatten sie alle vier Braten der Witwe aus der Pfanne gefischt. Schnell kletterten sie ungestört wieder vom Dach herunter und verschwanden zufrieden mit ihrer Beute.

Doch als die Witwe Bolte ahnungslos aus dem Keller zurückkam, sah sie ihren Hund Spitz in der Küche still vor dem Herd, auf dem die leere Pfanne stand, sitzen.

Wie angewurzelt stand sie da vor Schreck.

„Spitz! Du Ungetüm[2]!", schrie sie entsetzt[3] und rannte wütend mit einem großen Löffel hinter ihrem Hund her, um ihn zu bestrafen. Unerbittlich schlug sie auf den unschuldigen kleinen Spitz ein, ohne auch nur zu ahnen, wer die wirklichen Übeltäter[4] waren.

Max und Moritz hingegen hatten ungestraft alle vier Braten verspeist[5] und lagen faul im Gras unter einem Baum.

Schneider Böck und die Brücke

Jeder im Dorf kannte den Schneider Böck, denn er machte seine Arbeit immer sehr gewissenhaft[6] und gut. Dafür schätzten[7] ihn alle sehr.

Doch Max und Moritz interessierte das wenig. Sie dachten nur an ihre üblen Streiche.

Direkt vor dem Haus des Schneiders floss ein tiefer und gefährlicher Bach, über den eine kleine Holzbrücke führte.

7. Setze folgende Sätze ins Passiv!

a) Max und Moritz fischten die Braten aus der Pfanne.

   Die Braten wurden von Max und Moritz aus der Pfanne gefischt.

b) Die Witwe sah ihren Hund in der Küche.

   ....

c) Sie bestrafte den Hund.

   ....

d) Die Witwe schlug den Hund mit einem Löffel.

   ....

e) Max und Moritz aßen alle vier Hühner.

   ....

f) Alle im Dorf schätzten den Schneider Böck.

   ....

8. Fragen zum Text. Antworte in ganzen Sätzen!

a) Was hatten Max und Moritz aus der Pfanne gefischt?

   ....

b) Womit konnten Max und Moritz ungestört verschwinden?

   ....

c) Wen sah die Witwe Bolte still vor dem Herd sitzen?

   ....

d) Warum lief die Witwe hinter ihrem Hund her?

   ....

e) Warum schätzte man im Dorf den Schneider Böck?

   ....

---

1. **im Nu:** *schnell*
2. **s Ungetüm:** *s Monstrum*
3. **entsetzt:** *aufgeregt*
4. **r Übeltäter:** *r böse Mensche*
5. **verspeisen:** *essen*
6. **gewissenhaft:** *sorgfältig*
7. **schätzen:** *achten*

Max und Moritz näherten sich unbemerkt dem Bach mit einer Säge, mit der sie unauffällig die Holzbrücke in der Mitte ansägten.

Der fleißige Schneider Böck führte wie gewöhnlich[1] am Fenster sitzend seine Näharbeiten aus, ohne dass er die beiden Bösewichte[2] bemerkte.

Auf der anderen Seite des Baches riefen Max und Moritz dann, hinter einer Hecke versteckt, so laut sie konnten: „He, heraus! Du Ziegen-Böck[3]! Schneider, Schneider, meck, meck, meck!!"

Als der Schneider, den normalerweise nichts aus der Ruhe bringen konnte, dies hörte, unterbrach er sofort seine Näharbeiten, sprang zornig von seinem Stuhl und rannte so schnell er konnte nach draußen, um die frechen Jungen zu ergreifen und zu bestrafen.

Während er vor seinem Haus nach den Bösewichten Ausschau hielt[4], hörte er schon wieder hinter der Brücke rufen: „Meck, meck, meck!!" Wütend lief der arme Schneider auch schon auf die Brücke, welche plötzlich in der Mitte unter ihm in sich zusammenbrach.

Der Schneider stürzte kopfüber[5] in das kalte Wasser, so dass nur noch seine Beine zu sehen waren.

Da traten Max und Moritz hinter der Hecke hervor und lachten schadenfroh von ganzem Herzen. Ohne dem armen Schneider zu helfen, sahen die beiden lediglich zu, wie er mit aller Kraft versuchte, sich über Wasser zu halten.

Glücklicherweise schwamm zufällig ein Gänsepaar an ihm vorbei, an dessen Beinen sich der fast

9. **Such das Gegenteil der folgenden Verben!**

a) sich nähern   *sich entfernen*

b) sitzen   ....

c) liegen   ....

d) rennen   ....

e) bestrafen   ....

f) lachen   ....

g) arbeiten   ....

h) zurückkommen   ....

i) nehmen   ....

10. **Bilde die Nomen zu folgenden Adjektiven, Verben und Adverben!**

a) sägen   *die Säge*

b) sitzen   ....

c) verstecken   ....

d) hören   ....

e) unterbrechen   ....

f) springen   ....

g) rennen   ....

h) bestrafen   ....

i) laufen   ....

j) stürzen   ....

k) treten   ....

l) lachen   ....

---

1. **gewöhnlich:** *immer*
2. **r Bösewicht:** *ein böser Mensch*
3. **r Ziegen-Böck:** *Ziegenbock*
4. **Ausschau halten:** *suchen*
5. **kopfüber:** *mit dem Kopf voran*

ertrinkende Schneider gerade noch festhalten konnte. Die beiden Gänse retteten den völlig erschöpften[1] Schneider, denn sie zogen ihn mit einem heftigen Ruck aus dem Wasser.

Frierend lief der Schneider so schnell er konnte nach Hause, wo er sich und seine nassen Kleider am warmen Ofen trocknete.

Doch klagte er über sehr starke Magenschmerzen, woraufhin ihm seine Frau ein heißes Bügeleisen auf den Bauch hielt. Das half dem armen Schneider, und schon bald konnte er wieder, zur Freude aller Dorfbewohner, wie gewohnt seine Arbeit verrichten[2].

Lehrer Lämpel und seine Pfeife

Herr Lämpel war ein sehr gewissenhafter[3] und manchmal strenger Lehrer. Er unterrichtete in der Dorfschule Schreiben, Lesen und Rechnen und hatte viel Freude an seinen fleißigen Schülern.

Max und Moritz konnten den Lehrer Lämpel nicht leiden, da sie bekanntlich nicht gerne zur Schule gingen und auch nichts lernen wollten.

Alle im Dorf wussten, dass der alte Lehrer ein leidenschaftlicher[4] Pfeifenraucher war. Ganz besonders gefiel es ihm, sich nach der Arbeit zu Hause in seinen gemütlichen[5] Sessel neben dem Ofen zu setzen und in aller Ruhe Pfeife zu rauchen.

Sonntags spielte der brave Lehrer Lämpel auch gerne auf der Kirchenorgel. Max und Moritz, die

11. **Setze ins Perfekt!**

a) Die Gänse retten den Schneider.

   Die Gänse haben den Schneider gerettet.

b) Der Schneider trocknet seine nassen Kleider am Ofen.

   ....

c) Der Schneider klagt über starke Magenschmerzen.

   ....

d) Seine Frau hält ihm ein heißes Bügeleisen auf den Bauch.

   ....

e) Er verrichtet wie gewohnt seine Arbeit.

   ....

f) Der Lehrer unterrichtet in der Dorfschule.

   ....

g) Er sitzt in seinem Sessel und raucht Pfeife.

   ....

12. **Bilde zusammengesetzte Nomen mit den folgenden Wörtern!**

   Deutsch – Federn – Glocke – Haken – Musik – Nabel – Pfeifen – Platz – Regen – Sack

a) Gänse**federn**   f) Arbeits....................

b) Ruck............................   g) ....unterricht

c) ....wasser   h) ....raucher

d) Kleider....................   i) Orgel........................

e) Bauch........................   j) Kirchen....................

---

1. **erschöpft:** *müde*
2. **verrichten:** *ausüben, machen*
3. **gewissenhaft:** *gründlich, ordentlich*
4. **leidenschaftlich:** *begeistert*
5. **gemütlich:** *bequem*

13

nie zur Kirche gingen, nutzten diese Gelegenheit und schlichen sich während der Messe an einem Sonntagmorgen in das Haus des Lehrers.

Aus seinem Schrank nahmen sie seine schönste Pfeife und stopften sämtliches Schießpulver, das sie in einer kleinen Flasche aufbewahrten, in den Pfeifenkopf. Daraufhin legten sie die Pfeife gut sichtbar auf den Tisch und verließen das Haus des Lehrers, ohne dass jemand etwas bemerkt hatte.

Als die Messe zu Ende war, ging der Lehrer vergnügt[1] und an nichts Böses denkend nach Hause. Nachdem er sich seine bequemen Hausschuhe angezogen hatte, nahm er auch gleich seine Pfeife, setzte sich in seinen gemütlichen Sessel und zündete mit einem Zündhölzchen[2] seine Pfeife an.

„Ach", sagte er, „es gibt nichts Schöneres, als nach verrichteter[3] Arbeit in Ruhe Pfeife zu rauchen."

Doch plötzlich explodierte die Pfeife mit einem großen Knall. Der Lehrer Lämpel flog auf seinem Sessel sitzend bis an die Zimmerdecke. Alle Möbel flogen kreuz und quer durch das Zimmer. Selbst[4] der Ofen zerbrach in zwei Teile , und eine riesige, dunkle Staubwolke breitete sich im ganzen Haus aus.

Nur durch ein Wunder hatte der arme Lehrer überlebt. Starr vor Schreck lag er mit dem Rücken auf dem Fußboden. Seine wenigen Haare waren bis auf den Kopf verbrannt, und sein Gesicht war kohlrabenschwarz[5].

Das Haus und die ruinierten[6] Möbel konnte man

13. Ersetze die kursiv gedruckten Ausdrücke mit den hier untenstehenden gleicher Bedeutung!

Angst – beobachtet – steckte – unbemerkt – vorbei

a) Sie schlichen sich *heimlich* während der Messe in das Haus des Lehrers.

   ....

b) Max und Moritz verließen das Haus des Lehrers, ohne dass jemand etwas *bemerkt* hatte.

   ....

c) Als die Messe *zu Ende* war, ging der Lehrer vergnügt nach Hause.

   ....

d) Der Lehrer setzte sich in seinen gemütlichen Sessel und *zündete* seine Pfeife an.

   ....

14. Fragen zum Text.

a) Wann schlichen sich die Jungen in das Haus des Lehrers?

   ....

b) Was stopften sie in die Pfeife des Lehrers?

   ....

c) Was machte der Lehrer, als er nach Hause kam?

   ....

d) Was geschah, als der Lehrer seine Pfeife anzündete?

   ....

---

1. **vergnügt:** *zufrieden, froh*
2. **s Zündhölzchen:** *s Streichholz*
3. **verrichtet:** *beendet*
4. **selbst:** *sogar*
5. **kohlrabenschwarz:** *schwarz wie Kohle*
6. **ruiniert:** *zerstört*

zwar mit der Zeit wieder in Ordnung bringen, doch die schöne Pfeife des Lehrers Lämpel war für immer in tausend Teile zerbrochen.

Zur Freude von Max und Moritz, die kein Mitleid[1] mit dem armen Lehrer hatten, konnte der Lehrer Lämpel erst nach langer Zeit wieder in der Dorfschule unterrichten.

Onkel Fritz und die Maikäfer

Selbst auf ihren guten Onkel Fritz hatten es Max und Moritz abgesehen.

An einem späten Nachmittag, als Onkel Fritz ins Dorf einkaufen ging, schlichen sich die beiden Bösewichte in den Garten ihres Onkels, um nach Maikäfern zu suchen.

Bald entdeckten sie auch schon einen Baum, auf dem unzählig[2] viele Käfer krabbelten[3]. Max kletterte[4] auf den Baum und schüttelte mit aller Kraft an den Baumästen, während Moritz alle herunterfallenden Maikäfer einsammelte und in eine große Papiertüte steckte.

Nachdem sie genügend Käfer eingefangen hatten, kletterte Max unbemerkt wieder vom Baum. Heimlich gingen die beiden in das Haus ihres Onkels und versteckten die offene Tüte mit den Maikäfern unter seiner Bettdecke.

Während Max und Moritz wieder vergnügt nach Hause gingen, krabbelten die Käfer aus der Tüte

15. Verändere die Verben durch Vorsilben!

ab – an – be – ein – ent – herunter – unter – ver – zer

a) brechen ....

b) richten ....

c) sehen ....

d) decken ....

e) fallen ....

f) sammeln ....

g) stecken ....

h) merken ....

i) ziehen ....

j) kommen ....

16. Welches Wort passt nicht in die folgenden Gruppen? Die Anfangsbuchstaben der nicht passenden Wörter ergeben eine bekannte deutsche Stadt.

a) Zeit – Stunde – Uhr – Jahr – Hund – Wecker – Termin

b) Pfeife – Tabak – Angel – Streichholz – Feuer – Zigarette

c) Lehrer – Schule – Unterricht – Buch – Nacht – Ferien

d) Baum – Wald – Blume – Strauch – Laub –Nachmittag

e) Käfer – Ofen – Schmetterling – Ungeziefer – Ameise

f) Haus – Zimmer – Fußboden – Vogel – Garten – Keller

g) Eis – Kopfkissen – Decke – Schlafzimmer – Matratze

h) Onkel – Eltern – Neffe – Nichte – Regen – Schwager

Wie heißt die Stadt? ....

---

1. **s Mitleid:** *s Mitgefühl*
2. **unzählig:** *sehr*
3. **krabbeln:** *kriechen, laufen*
4. **klettern:** *steigen*

und krochen kreuz und quer unter der Bettdecke des Onkels.

Inzwischen war Onkel Fritz wieder zurückgekehrt und aß in aller Ruhe in der Küche zu Abend.

Er ging gewöhnlich schon früh am Abend zu Bett, um noch etwas in der Zeitung oder in einem Buch zu lesen. Im Schlafanzug, mit seiner Zipfelmütze[1] und seinem Buch unter den Arm geklemmt, ging er ahnungslos in sein Schlafzimmer, zog seine Pantoffeln[2] aus, legte sich in sein Bett, deckte sich mit der Bettdecke gut zu und las in seinem spannenden[3] Buch.

Doch, oh weh, was kitzelte[4] ihn an den Füßen? Und was zwickte[5] ihn an der Schulter? Auch hörte er ein seltsames[6] Summen in seiner Nähe.

Neugierig schaute er unter seine Bettdecke, aus der ihm bereits ein großer Maikäfer entgegenkroch. Mit Schrecken entdeckte er das Unheil[7]; im ganzen Bett wimmelte es[8] von krabbelnden Käfern.

In Panik und voller Grausen sprang der Onkel aus seinem Bett, griff nach einem Pantoffel und schlug auf alles, was sich um ihn herum bewegte. „Autsch!!", schrie er vor Schmerzen; selbst in seinen Schlafanzug waren sie bereits gekrochen. Brummend kreisten sie auch um seinen Kopf und flogen im ganzen Zimmer herum.

Es blieb dem armen Onkel Fritz nichts anderes übrig, als energisch auf alle Maikäfer zu hauen und zu trampeln[9], bis sie schließlich alle tot auf dem Fußboden verstreut lagen.

17. **Setze die richtigen Präpositionen ein!**

am – an – aus – in – mit – unter – unter

a) Die Käfer krochen kreuz und quer .... der Bettdecke.

b) Onkel Fritz aß in aller Ruhe .... der Küche zu Abend.

c) Er ging gewöhnlich schon früh .... Abend zu Bett.

d) Er deckte sich .... seiner Bettdecke gut zu.

e) Was kitzelte den Onkel Fritz .... den Füßen?

f) Neugierig sah er .... seine Bettdecke, ...
der ihm bereits ein großer Maikäfer entgegenkroch.

18. **Fragen zum Text. Kreuze die richtigen Lösungen an!**

a) Onkel Fritz ging .... am Abend zu Bett.

   ❒ normalerweise spät   ❒ ohne zu essen

   ❒ gewöhnlich früh

b) Er hörte .... in seiner Nähe.

   ❒ einen lauten Knall   ❒ ein leises Knistern

   ❒ ein seltsames Geräusch

c) Neugierig schaute er ....

   ❒ unter seine Bettdecke   ❒ nach seinem Hund

   ❒ aus dem Fenster

d) Onkel Fritz sprang .... aus seinem Bett.

   ❒ hungrig   ❒ müde   ❒ aufgeregt

---

1. **e Zipfelmütze:** *e Kopfbedeckung zum Schlafen*
2. **r Pantoffel:** *r Hausschuh*
3. **spannend:** *interessant*
4. **kitzeln:** *jucken*
5. **zwicken:** *kneifen*
6. **seltsam:** *eigenartig*
7. **s Unheil:** *e Katastrophe*
8. **wimmeln:** *sehr viele sein*
9. **trampeln:** *treten*

Nachdem Onkel Fritz sich von allen Käfern befreit hatte, konnte er sich endlich wieder in sein Bett legen. Doch war er nach all dieser Aufregung[1] nicht mehr in der Lage[2], aufmerksam in seinem Buch zu lesen; so sehr hatte er sich erschrocken.

Deshalb machte er das Licht aus und versuchte zu schlafen. Er schlief jedoch die ganze Nacht sehr unruhig. Er wälzte[3] sich in seinem Bett öfters hin und her, kratzte sich häufig an der Schulter und wachte sogar manchmal auf. Der arme Onkel träumte von Maikäfern und hatte immer das Gefühl, als wenn ihm ein Käfer über den Körper krabbeln würde.

Max und Moritz hingegen lagen ungestört in ihren Betten und amüsierten[4] sich schadenfroh über ihren Onkel Fritz.

Der Bäckermeister und der Kuchenteig

Es war wenige Tage vor Ostern, und – wie jedes Jahr zu diesem Anlass[5] – bereitete der Bäckermeister die verschiedensten Gebäcke, Kuchen und Torten zu. Zur Freude aller Dorfbewohner verkaufte er auch bereits Ostereier[6] und Osterhasen[7] aus leckerer Schokolade, die er selbst herstellte.

Max und Moritz jedoch konnten dieser Versuchung[8] nicht widerstehen. Gegen Mittag hielten sie sich in der Nähe der Bäckerei auf und warteten ab, bis der Bäckermeister wie gewöhnlich nach Hause essen ging. Natürlich schloss der Bäckermeister seine

19. Frage nach den kursiv gedruckten Ausdrücken!

a) ....?

Onkel Fritz hatte sich *von allen Käfern* befreit.

b) ....?

Er war nach all dieser Aufregung nicht mehr in der Lage, *aufmerksam in seinem Buch zu lesen.*

c) ....?

Er machte das Licht aus, *um zu schlafen.*

d) ....?

Er schlief die ganze Nacht *sehr unruhig.*

20. Welche Sätze bedeuten dasselbe?

a) Er konnte nicht mehr aufmerksam in seinem Buch lesen.

b) Er wälzte sich in seinem Bett öfters hin und her.

c) Er hatte immer das Gefühl, als ob ihm ein Käfer über den Körper krabbeln würde.

d) Sie amüsierten sich schadenfroh über ihren Onkel.

e) Sie konnten der Versuchung nicht widerstehen.

1. Sie machten sich heimlich über ihren Onkel lustig.

2. Er schlief die ganze Nacht sehr unruhig.

3. Sie konnten es nicht mehr abwarten.

4. Er schaute unkonzentriert ins Buch.

5. Es kitzelte ihn am ganzen Körper.

---

1. **e Aufregung:** *e Unruhe*
2. **in der Lage:** *fähig*
3. **wälzen:** *drehen*
4. **amüsieren:** *lachen*
5. **r Anlass:** *s Fest*
6. **s Osterei:** *bunt gefärbtes Ei*
7. **r Osterhase:** *r Hase, der den Kindern die Ostereier bringt*
8. **e Versuchung:** *r Reiz*

Bäckerei immer gut ab, um keine bösen Überraschungen erleben zu müssen.

Doch Max und Moritz hatten auch schon eine Idee, wie sie unbemerkt und schnell in die Bäckerei kommen konnten. Fest entschlossen kletterten die beiden auf das Dach, um heimlich durch den Schornstein in die Backstube zu gelangen.

„Ratsch!!" – Da rutschten sie einer nach dem anderen auch schon kohlrabenschwarz durch den Schornstein und fielen in die offene Mehlkiste, welche direkt unter dem Kamin stand. Weiß wie Kreide kletterten Max und Moritz aus der Kiste und machten sich auf die Suche nach den Leckereien, die der Bäckermeister in mühevoller Arbeit für Ostern zubereitet hatte.

Als Erstes stiegen sie auf einen Stuhl, um die auf dem Regal liegenden und noch warmen Bretzeln[1] des Bäckers zu stehlen.

Doch da machte es „Knacks!!" und der Stuhl brach entzwei[2]. Kopfüber fielen die beiden Jungen in eine große Wanne[3] mit frischem Kuchenteig. Nur mit Mühe gelang es ihnen, aus der Wanne zu steigen, denn an ihrem ganzen Körper blieb der Kuchenteig kleben.

Da kehrte der Bäckermeister zurück[4] und sah sie nun da stehen, die beiden Lausbuben[5], ganz mit seinem guten Kuchenteig umhüllt.

Schnell schnappte[6] er sich die beiden, und im Nu hatte er auch schon zwei Brotteige aus ihnen

21. Fragen zum Text.

a) Warum schloss der Bäckermeister seine Bäckerei immer gut ab?

....

b) Wie kamen Max und Moritz schnell und unbemerkt in die Bäckerei?

....

....

c) Wonach suchten Max und Moritz in der Bäckerei?

....

d) Was wollten sie als Erstes stehlen?

....

e) Wohin fielen die beiden Jungen, als der Stuhl auseinander brach?

....

f) Was blieb an ihrem ganzen Körper kleben?

....

g) Was hatte der Bäckermeister aus ihnen gemacht?

....

h) Was verkaufte der Bäckermeister zu Ostern?

....

i) Warum hielten sich Max und Moritz in der Nähe der Bäckerei auf?

....

....

---

1. **e Bretzel:** *ein Gebäck in Form einer 8*
2. **entzwei:** *auseinander*
3. **e Wanne:** *r Behälter*
4. **zurückkehren:** *zurückkommen*
5. **r Lausbub:** *frecher kleiner Junge*
6. **schnappen:** *greifen*

gemacht. Er schob die beiden in den noch glühen-den[1] Ofen, in welchem er sie braun und knusprig backen ließ. Als zwei dunkel gebackene Brote nahm er sie aus dem Ofen und stellte sie zum Abkühlen in die Ecke der Backstube.

Doch es ist kaum zu glauben; Max und Moritz leb-ten immer noch!

Wie zwei Mäuse knabberten[2] sie sich lautlos durch den frischen Brotteig, ohne dass der Bäcker-meister etwas ahnen[3] konnte.

Nachdem sie fast die Hälfte der sie umhüllenden[4], riesigen[5] Brotkruste aufgegessen hatten, konnten sie sich selbst befreien. Mit vollen Bäuchen liefen sie schließlich so schnell sie konnten davon, ohne dass der erstaunte[6] Bäckermeister sie noch ergreifen konnte.

Bauer Mecke und die Mühle

Doch wehe Max und Moritz, denn mit Bauer Mecke war nicht zu spaßen.

Sie schlichen sich in die Scheune[7] des Bauern und schnitten mit einem Messer Löcher in seine vollen Getreidesäcke.

Bauer Mecke musste die schweren Säcke aus der Scheune in die Mühle des Müllermeisters tra-gen, um dort die Getreidekörner mahlen zu lassen.

Als er den ersten Sack auf seinen Buckel[8] hob und losging, fingen die Körner auch schon an, aus

22. Bilde Sätze mit *um ... zu*!

a) Der Bäckermeister ging nach Hause. Er aß zu Mittag.
Der Bäckermeister ging nach Hause, um zu Mittag zu essen.

b) Der Bäckermeister schloss seine Bäckerei immer gut ab.
Er erlebte keine bösen Überraschungen.

....

....

c) Max und Moritz kletterten heimlich auf das Dach.
Sie gelangten durch den Schornstein in die Backstube.

....

....

....

d) Sie machten sich in der Bäckerei auf die Suche.
Sie stahlen Schokoladeneier.

....

....

e) Sie stiegen als Erstes auf einen Stuhl.
Sie stahlen die noch warmen Bretzeln des Bäckers.

....

....

f) Sie stiegen aus der Wanne.
Sie befreiten sich vom klebrigen Kuchenteig.

....

....

---

1. **glühend:** *sehr heiß*
2. **knabbern:** *fressen*
3. **ahnen:** *merken*
4. **umhüllend:** *einschließend*
5. **riesig:** *sehr groß*
6. **erstaunen:** *überraschen*
7. **e Scheune:** *s Lagerhaus*
8. **r Buckel:** *e Schulter*

dem Sack zu rinnen[1]. Verwundert drehte sich der Bauer um, denn er bemerkte, wie der anfangs so schwere Sack nach und nach immer leichter wurde.

Doch da endeckte er die beiden Bösewichte, wie sie kichernd[2] und sich versteckend in der Scheunenecke hinter den Getreidesäcken saßen.

Ohne viel Zeit zu verlieren, nahm er Max und Moritz beim Kragen und steckte sie in einen leeren Sack. Er schnürte den Sack so fest zu, dass alle Versuche von Max und Moritz, sich daraus zu befreien, nichts halfen. Auch ihre Hilferufe kümmerten[3] schon lange niemanden mehr im Dorf.

Bauer Mecke schleppte[4] die beiden, die im Sack vergeblich strampelten, zur Mühle des Müllermeisters und rief: „Meister Müller! Mahl mir bitte die beiden hier so schnell du kannst!"
   „Nur her mit ihnen!!", sagte der Müller begeistert und schüttete die beiden in den Mühlentrichter.

In der Mühle wurden die beiden Bösewichte für immer zermahlen und zerkleinert. Fein geschrotet[5] und in kleinen Stücken fielen sie aus der Mühlenöffnung auf den Fußboden.
   Dort wurden sie dann endgültig von den Hühnern des Müllers aufgepickt.

23. Setze die fehlenden Modalverben ein!

dürfen – können – müssen – sollen – wollen

a) Der Bäckermeister .... zwei große Brote aus ihnen machen.

c) Sie .... sich aus dem Brotteig selbst befreien.

d) Der Bäckermeister .... ihnen nur noch nachsehen, ohne sie noch ergreifen zu können.

e) Max und Moritz .... Löcher in die Säcke des Müllers schneiden.

f) Bauer Mecke .... die schweren Säcke in die Mühle des Müllers tragen.

24. Forme die folgenden Sätze in Relativsätze um!

a) Der Bäckermeister stellte Schokoladeneier her.
   Er verkaufte sie zu Ostern.
   Der Bäckermeister stellte Schokoladeneier her, die er zu Ostern verkaufte.

b) Er schob die beiden in den Ofen.
   Der Ofen war noch glühend heiß.

   ....

c) Max und Moritz knabberten sich lautlos durch den frischen Brotteig. Sie lebten noch.

   ....

e) Der Bäckermeister schaute erstaunt hinter ihnen her.
   Er ahnte nichts.

   ....

---

1. **rinnen:** *strömen*
2. **kichernd:** *lachend*
3. **kümmern:** *interessieren*
4. **schleppen:** *tragen*
5. **geschrotet:** *gemahlen*

Schlusswort

Das schlimme Ende von Max und Moritz hatte sich im Dorf schnell herumgesprochen.

Doch niemand trauerte um die beiden Lausbuben. Im Gegenteil, alle waren froh, dass die beiden ihre gerechte Strafe bekommen hatten und niemand mehr ihre bösen Streiche ertragen musste.

Die gute Witwe Bolte sagte: „Ach, das habe ich mir doch gleich gedacht!"

Der fleißige Meister Böck hingegen sprach: „Das kommt davon, wenn man nur Böses im Sinn hat!" Drohend sagte der Lehrer Lämpel mit erhobenem Zeigefinger: „Dies soll ein abschreckendes Beispiel für andere sein!"

„Freilich!", meinte auch der Bäckermeister, „warum ist der Mensch so lecker?!"

Selbst Onkel Fritz sprach: „Das kommt von dummen Witzen!"

Nur der Bauer Mecke sagte gleichgültig zum Müllermeister: „Was geht uns das an?!"

Kurz, im ganzen Dorf sagte man noch lange erleichtert: „Gott sei Dank! Nun ist es vorbei mit der Übeltäterei¹!!"

25. **Richtig oder falsch?**

Wenn du die richtigen Lösungen gefunden hast, ergeben die angekreuzten Buchstaben von oben nach unten gelesen eine europäische Hauptstadt.

		R	F
a)	Das Auto ist ein Fahrzeug.	W	L
b)	Im Westen geht die Sonne auf.	D	A
c)	Der Löwe ist ein Raubtier.	R	Z
d)	Die Erde dreht sich um den Mond.	B	S
e)	Der Bruder meiner Mutter ist mein Onkel.	C	K
f)	Der Rhein fließt in die Nordsee.	H	N
g)	Das Rauchen ist gesund.	E	A
h)	Die Tanne ist ein Nadelbaum.	U	O

Wie heißt die Hauptstadt? ....

26. **Setze in die indirekte Rede!**

a) Der Bauer sagte: „Die Säcke sind sehr schwer."

Der Bauer sagte, dass die Säcke sehr schwer wären.

b) Der Bauer sagte: „Die beiden verstecken sich hinter den Getreidesäcken."

....

c) Er sagte: „Zur Strafe stecke ich die beiden in einen leeren Sack."

....

d) Max und Moritz riefen: „Befreit uns aus dem Sack!"

....

e) Der Bauer sagte zum Müller: „Mahl die beiden in deiner Mühle."

....

---

1. **e Übeltäterei:** *e Bosheit*

27. Schreib ein Gespäch zwischen Max und Moritz! Sie planen einen neuen Streich.

....
....
....
....
....
....
....
....
....
....
....
....
....

28. Beschreib Max und Moritz! Warum sind sie boshaft?

....
....
....
....
....
....
....
....
....
....
....
....
....

29. Erzähl einen Streich, den du deinem Lehrer gespielt
    hast! Wie hat dein Lehrer reagiert?

    ....
    ....
    ....
    ....
    ....
    ....
    ....
    ....
    ....
    ....
    ....
    ....
    ....

30. Fasse die vorliegende Geschichte zusammen!

    ....
    ....
    ....
    ....
    ....
    ....
    ....
    ....
    ....
    ....
    ....
    ....

© 2000 *La Spiga languages* · DRUCK IN ITALIEN **TECHNO MEDIA REFERENCE** · MAILAND
VERTRIEB **MEDIALIBRI S.R.L.** VIA IDRO 38, 20132 MAILAND · ITALIEN · TEL. 0227207255 · FAX 022567179